Bibliographische Information
der Deutschen Bibliothek

Die Deutsche Bibliothek verzeichnet diese Publikation in der Deutschen Nationalbibliographie; detaillierte bibliographische Daten sind im Internet unter http://dnb.ddb.de abrufbar.

Alle Rechte vorbehalten.
Kein Teil dieses Buches darf in irgendeiner Form (Druck, Fotokopie oder einem anderen Verfahren) ohne schriftliche Genehmigung des Verlages reproduziert oder unter Verwendung elektronischer Systeme verarbeitet werden.

All rights reserved.
No part of this publication may be reproduced, stored in a retrieval system, transmitted or utilized in any form or by any means, electronic, mechanical, photocopying, recording or otherwise, without permission in writing from the Publishers.

--

2. Auflage
© 2017 Ecevit Polat

Verlag und Druck:
tredition GmbH,
Halenreie 42,
22359 Hamburg
**Druck in Deutschland
und weiteren Ländern.**

ISBN: 978-3-7439-7240-7

– Prof. Ecevit Polat, Ph.D., Religionswissenschaftler –
Seit 2011 ist er Vorstandsmitglied der Initiative für Islamische Quellenforschung.

Inhaltsverzeichnis

Murad Wilfried Hofmann – Deutschlands Geschenk an den Islam

I. Einleitung 7

II. Konversion zum Islam 11

III. Muhammad Asad 25

IV. Der Islam als Alternative 33

V. Qur´an 43

VI. Resümee 48

Interview mit Dr. Murad Hofmann............................... 52

    Thema Gesellschaft 56

    Thema Qur´an 61

Literatur von Dr. Murad Hofmann 67

Fußnoten... 68

Das Interview wurde von IQL. e.V.
(Initiative Islamischer Quellenforschung)
im Juli 2015 mit Dr. Murad Wilfried Hofmann geführt.

www.iqlev.de

I. Einleitung

Im Wochenmagazin *„Der Spiegel"* wurde darüber berichtet, dass Murad Wilfried Hofmann der wohl bekannteste Konvertit der Republik sei.[1] Kein Wunder also, dass in einer von der Islamischen Zeitung durchgeführten Umfrage mit dem Titel *„Wer sind die wichtigsten Muslime in Deutschland?"* die Wahl, unter vielen anderen Persönlichkeiten, schließlich auf Murad Hofmann als wichtigsten Muslim fiel.[2]

Auch war es kein geringerer als Murad Hofmann, der als einziger muslimischer Intellektueller aus Deutschland gemeinsam mit den 138 islamischen Gelehrten aus aller Welt einen *„Offenen Brief an die religiösen Führer des Christentums"* unterzeichnete.[3] Allen voran richtete sich der Brief *„Ein Wort, das uns und euch gemeinsam ist"* an Papst Benedikt XVI., der in seiner Regensburger Rede am 12. September 2006 die Gemüter der Muslime weltweit erregte, indem er in seinem Vortrag ein Zitat des byzantinischen Kaisers Manuel II. Palaiologos (1350 - 1425) aus dem Mittelalter vortrug, worin dieser den Propheten Muhammad als einen blutrünstigen Menschen illustrierte.[4]

Nicht nur in Deutschland, sondern auch weit über die Landesgrenzen hinaus ist Hofmann bekannt geworden. Dies liegt im Besonderen an seinen zahlreichen Veröffentlichungen[5] zum Thema Islam sowie an unzähligen Vorträgen in Westeuropa, den USA und der islamischen Welt. Deshalb schien es auch nicht verwunderlich zu sein, dass er im Jahre 2009 von Scheich Mohammed bin Rashid Al Maktoum, Vizepräsident und Premierminister der Vereinigten Arabischen Emirate und Herrscher von Dubai, zur *„Islamischen Persönlichkeit des Jahres"* ausgezeichnet wurde. Darüber hinaus ist Hofmann der erste Konvertit und entsprechend auch - nach dem ehemaligen bosnischen

Staatsoberhaupt Alija Izetbegovic – der zweite europäische Muslim überhaupt, der im Rahmen des *„Dubai International Holy Quran Award"* für diese Auszeichnung gewürdigt wurde.

Nur ein Jahr später erhielt Hofmann die Freiheitsmedaille 1. Klasse – die höchste Auszeichnung unter den für Ausländer vorgesehenen Orden – vom jordanischen König Abdallah II in Amman. Zudem scheint sein beruflicher Werdegang sehr außergewöhnlich zu sein, da Hofmann eine ganze Reihe von beruflichen Tätigkeiten in seinem Leben ausgeübt hat.

Von 1954 – 1979 war Hofmann als internationaler Ballettkritiker für die Fachzeitschriften *„Tanzarchiv"* (Hamburg), *„Ballet Today"* (London) und *„Dance News"* (New York) tätig. Mit Karl Viktor Prinz zu Wied gründete er in München die *„Gesellschaft der Freunde des Balletts, e.V."*. Gleichzeitig war er dort für Lula von Sachnowsky als Manager ihrer Ballets Sachnowsky tätig.

Von 1979 – 1983 leitete Hofmann im Auswärtigen Amt das Referat NATO und Verteidigung. Dem folgte seine Tätigkeit als Informationsdirektor (1983 – 1987) der NATO in Brüssel. Dabei wurde er als Muslim – eigenen Angaben zufolge – aufgrund seiner Religionszugehörigkeit in keiner Weise beruflich benachteiligt. Dreieinhalb Jahre nach seiner Konversion verlieh ihm der damalige Bundespräsident Dr. Karl Carstens am 6. Februar 1984 das Bundesverdienstkreuz.[6] Danach wurde er als deutscher Botschafter zuerst in Algerien von 1987 - 1990 und anschließend von 1990 - 1994 in Marokko eingesetzt.

II. Konversion zum Islam

Wie bei jedem Konvertiten gab es auch bei Hofmann außergewöhnliche Begebenheiten, die ihn zur Gedankenwelt des Islam hinführten. Es waren im Grunde drei ausschlaggebende Schlüsselerlebnisse in seinem Leben, die ihn dann letztendlich dazu veranlassten, sich zum neuen Glauben zu bekennen.

Diese Schlüsselerlebnisse waren
1) **menschlicher**
2) **ästhetischer und**
3) **philosophischer Natur.**

1) Auf menschlicher Ebene waren es insbesondere seine Erlebnisse im Bürgerkrieg in Algier in den Jahren 1961/62, wo er unter anderem im deutschen Generalkonsulat als Attaché fungierte. In diesen bedrückenden Jahren führte die sogenannte Nationale Befreiungsfront (Front de Libération National/F.L.N.) bereits seit acht Jahren einen verbitterten Guerillakrieg gegen die französische Besatzung. Frustriert musste hier der junge Hofmann miterleben, wie auf offener Straße Menschen mit einem Nackenschuss erbarmungslos niedergestreckt wurden, *„nur weil sie Araber oder weil sie für die Unabhängigkeit Algeriens waren"*.[7]

Seine vornehmliche Pflicht bestand vordergründig darin, sich in Kooperation mit den französischen Behörden um die *„desertierten deutschen Fremdenlegionäre"* zu kümmern und diese so schnell wie möglich wieder nach Hause zu schaffen. Murad Hofmann schildert die entsetzliche Atmosphäre jener Zeit wie folgt:

„Wenn ich unter den in den Gängen abgelegten Verletzten im Mustafa–Krankenhaus nach einem Deutschen suchte, hatte ich meine Waffe durchgeladen am Gürtel. Entgegenkommenden schaute ich nicht ins Gesicht, sondern auf die Hände. Wenn man auf gleicher Höhe war, drehte man sich um und entfernte sich vorsichtshalber einige Schritte rückwärts voneinander. Meine verängstigte Frau bestand manchmal darauf, meinen Nacken zu schützen; dann lief sie mit einem scharf geschliffenen Fahrtenmesser im Ärmel ein paar Schritte hinter mir her".[8]

Auch war es alltäglich zu sehen, wie Algerier am helllichten Tag auf der Straße erschossen wurden:

„Als ein Mann die Straße vor mir überquerte, wurde er vom Gehsteig her angeschossen und fiel röchelnd vor meinen linken Kotflügel. Der Attentäter deutete mir mit der Pistole herrisch, weiterzufahren, um das Schussfeld freizumachen [...] Er bequemte sich schließlich, vorzutreten und seinem Opfer den Fangschuss zu geben. Dann verschwand er im Menschengewühl, ohne jede Hast".[9]

Unerträglicherweise musste Hofmann ebenso zusehen, wie die französische Terrororganisation *„Organisation Armée Secrète (O.A.S.)"* zunehmend mit Benzinfässern gefüllte Autos anzündeten und in arabische Viertel rollen ließen:

„Man musste in einem solchen Fall damit rechnen, als unerwünschter Zeuge auf die Abschussliste zu kommen".[10]

Die Terrororganisation O.A.S. ging kurz vor der unmittelbaren Unabhängigkeit Algeriens noch einen fürchterlichen Schritt weiter, indem sie anfingen, selbst die Frauen anzuschießen, die eine islamische Kleidung trugen. Außerdem erschossen sie in EL Biar einen Straßenhändler vor seinem Büro:

„Seit Jahrzehnten hatte er seine Fische ausgerufen und niemand ein Leid zugefügt".¹¹

Das Schicksal und die *„Leidensfähigkeit der Algerier"* markierten einen erheblichen Wendepunkt im Leben Hofmanns. Zum ersten Mal begegnete er dem Islam hautnah. Beeindruckt von ihrer Disziplin im Monat Ramadan, ihre *„Siegesgewissheit und ihre Menschlichkeit"* inmitten so viel Leid und Schreckens wahrnehmend, bemerkte Hofmann zusehends, dass ihre Religion dabei eine maßgebliche Rolle spielte:

„Um zu wissen, wie diese wunderlichen ‚Eingeborenen' ticken, begann ich, ihr ‚Buch' zu lesen, den Qur'an in französischer Übersetzung von Pesle/Tidjani. Damit habe ich bis heute nicht mehr aufgehört".¹²

2) Schon sehr früh entwickelte Hofmann eine Faszination für den Tanz, die ihn schließlich – ohne zu übertreiben – zu jedem Ballettabend des Münchener Prinzregententheaters führte. Um als Ballettkritiker faktisch überhaupt zu wissen, worüber er eigentlich schrieb, besorgte er sich sogar eine Ballettstange:

„[...] um den klassischen Bühnentanz wenigstens rudimentär zu erlernen, so dass ich wusste, wovon ich schrieb. Schließlich beruht diese so ätherische Kunst auf physischer Schwerstarbeit. So lernte ich beispielsweise, einen ‚entrechat huit' zu erkennen und die Technik des in der Luft Ruhens (ballon) von hohem Sprung (élévation) zu unterscheiden".¹³

Deshalb schien es alles andere als merkwürdig zu sein, in jeder freien Stunde außerhalb der Gerichtstermine seine Zeit im Ballettsaal in der Nähe des Justizpalastes zu verbringen. Zusammen mit Karl Viktor Prinz zu Wied gründete Hofmann zunächst 1955 die Gesellschaft der Freunde des Balletts e. V. in

München, um dann die Tanzkritik der Münchner Abendzeitung in Koinzidenz mitzuübernehmen. Des Weiteren schrieb er von 1954 bis 1980 regelrecht als Fachkritiker unter anderem für *„Das Tanzarchiv"* (Köln), *„Ballet Today"* (London) und *„Dance News"* (New York) und war außerdem von 1971 bis 1973 als Dozent für Tanzgeschichte und Ballettästhetik am Kölner Institut für Bühnentanz tätig. Aufgrund seiner Leidenschaft für seine Tätigkeit wurde er gleichwohl mit den *„Ballettsälen und Tanztheatern der halben Welt"* vertraut gemacht. Erstaunlicherweise wussten etliche seiner Bekannten nicht einmal davon, dass der Ballettkritiker Hofmann dies alles nur als Nebentätigkeit bewerkstelligte:

„So ahnten manche meiner Bekannten nicht, dass nicht Ballett, sondern Juristerei und Diplomatie mein Hauptberuf war".[14]

Den Übergang von der Tanzästhetik zur Perzeption der islamischen Kunst empfand er als außergewöhnlich anziehend und zugleich auch wohlvertraut. Religionen sprechen nun einmal auch in der Sprache der Ästhetik, da sie nicht nur eine Ansammlung von Normen und Wertvorstellungen sind, sondern sich besonders durch Mythen und Bilder transferieren. Die ästhetische Dimension ist vielmehr eine sinnlich–künstlerisch erfahrbare und genussbereitende Erscheinungsform. Nach Navid Kermani ist eine ästhetische Erkenntnis demnach: *„eine Erkenntnis durch die Sinne, nicht eine – in der Terminologie Baumgartens und Wollfs – deutliche Vernunfterkenntnis".*[15]

Zwei Jahre nach seiner Konversion beschrieb Hofmann seine Eindrücke folgendermaßen:

„Gleichwohl empfand ich schon damals eine starke Zuneigung zur islamischen Kunst, wie sie mir in Berliner Museen, besonders aber in Spanien – mit der großen Moschee von Cordo-

ba, der Giralda von Sevilla, der Alhambra von Granada (als Vorgeschmack des Paradieses) – erstmals begegnete. Ich ahnte die gewaltige Bewegung, die über 1000 Jahre hinweg von Andalusien bis Indien ethnisch-regionale Traditionen und Formgebungen umbilden konnte, dass islamische Kunst ohne jede erkenntnistheoretische Vorbildung unverwechselbar zu identifizieren ist. Besondere Faszination übte auf mich von jeher die ins ikonographisch reichende, aber Hadith-konforme, islamische Kalligraphie aus, der Spitzbogen als spannungsreichste, dynamischste Lösung dieses architektonischen Problems sowie die abstrakte Ornamentik dessen, was wir ‚Arab'-eske nennen".[16]

3) Zwischenzeitlich begeisterte Hofmann sich für die Philosophie Ludwig Wittgensteins, die mit seiner grundsätzlich *„erkenntniskritischen Position ihm so radikal schien, so dass sie gewissermaßen nach Agnostizismus roch".* Nichtsdestotrotz war ihm von Anfang an klar gewesen, *„dass es keinen Beweis für die Nicht-Existenz Gottes gibt".* In der Anlehnung an Richard Swinburne hielt er dennoch daran fest, dass es in höchstem Maße unwahrscheinlich sei, das Gott nicht existiert.[17]

Nachhaltig würde jeder Mensch sich früher oder später die Frage nach der Sinngebung stellen und desgleichen entsprechende Antworten auf die Fragen nach dem Woher, Weshalb und Wohin suchen. Deshalb sind *„Die Anhänger der drei monotheistischen Weltreligionen sich darin einig, dass der Mensch die Rätsel seines Daseins durch Naturbeobachtung und Nachdenken nicht entschlüsseln, aus Sinneseindrücken also nichts Verlässliches über die letzte Wirklichkeit erfahren kann".[18]*

In diesem Zusammenhang sei eine Offenbarung Gottes in Form eines Buches (Qur´an) eine unabdingbare Notwendigkeit, um *„das richtige Verhältnis zu uns selbst, unserer Umwelt und Gott zu finden".[19]* Insofern sind Muslime davon überzeugt zu wissen, dass es allein aufgrund von Naturbetrachtung nicht möglich ist, eine die dem Menschen gemäße Lebensweise herzuleiten.[20]

Während der Lektüre des Qur´an wurde es Hofmann immer deutlicher, wie grundlegend verschieden der Qur´an sich von der Bibel in grundsätzlichen Fragen unterscheidet. Geht doch die Bibel von einer fatalistischen Erbsünde aus, wonach Gott den Sündenfall von Adam und Eva mit Fortwirkung auf die gesamte nachfolgende Menschheit bestraft. Alsdann sollen Frauen den Männern untertan sein und ihre Kinder in Schmerzen gebären (Genesis 3, 16). Nur im Angesicht ihres Schweißes würden sich Männer fortan ernähren können (Genesis 3, 17). Aus der Konsequenz ihres Übertritts wurden beide Geschlechter aus dem Paradies vertrieben, ohne jedoch dass Gott ihnen im Nachhinein verziehen habe.

Diese fatalistische Theorie der Erbsünde betreffend konzipierte das Christentum schon frühzeitig eine erlösungsbedürftige Weltanschauung, insbesondere durch die Opferung und die Hinrichtung von Jesus am Kreuz (Römer 5, 13-19). Danach sei jeder Mensch anhand der Opferung von Jesus gezwungenermaßen erlösungsbedürftig, da alle Menschen von Geburt an mittels ihrer anhaftenden Erbsünde zur Welt kommen. Eindeutig bekundet allerdings der Qur´an im Gegensatz dazu:

„Doch Satan flüsterte ihm zu und sagte: „O Adam! Soll ich dich zu dem Baume der Ewigkeit und in ein Reich führen, das nie vergeht? Und sie aßen beide davon" (Qur´an, 20:120).

Der Qur´anexeget Mawdudi (gest. 1979) schreibt dazu:

"Beachte, dass in diesem Vers die Rede davon ist, dass Satan Adam verführte und nicht in erster Linie Eva. Nach Sure 7:20 wurden beide in Versuchung geführt und fielen ihm zum Opfer. Dies steht im Gegensatz zum biblischen Bericht in Genesis 3:3-9, wo Satan erst die Frau und sie dann ihren Mann verführte".[21]

Man bedenke, welchen historischen Schaden, insbesondere für die Frauen, allein die Rolle Evas in der biblischen Welt anhaltend und nachhaltig bis heute hinterlassen hat.[22]

Beispielsweise ließ der Bischof von Karthago Thascius Caecilius Cyprianus (gest. 258) im direkten Zusammenhang mit der „Verführerin" Eva seinerzeit den Satz *„Die Frau ist das Werkzeug des Teufels, dessen er sich bedient, um von unseren Seelen Besitz zu ergreifen"* in die offizielle Kirchenlehre einfließen.[23]

Im strikten Unterschied hierzu plädiert der Qur´an währenddessen dafür, dass eine Kollektivschuld mit der Gerechtigkeit Gottes alles andere als vereinbar sei: *„Jedermann ist jedoch für das haftbar, was er getan hat"* (vgl. Qur´an, 39:7, 6:164, 17:15). Jedenfalls war für Hofmann dieser Unterschied von grundlegender Bedeutung:

"Es stellte sich ein, als ich auf einen im Qur´an mehrfach vorkommenden Vers stieß, der da sagt: ‚[...] und kein Lasttragender soll die Last eines anderen tragen' (53:38). Dieser Vers muss jeden schockieren, der das christliche Gebot der Nächstenliebe ernst nimmt, welches das Gegenteil auszusagen scheint. Doch der 38. Vers der 53. Sure befasst sich gar nicht mit einem moralischen Aspekt, sondern enthält zwei fundamentale theologische Aussagen: er leugnet (1) die Theorie der Erbsünde und (2) die

Möglichkeit der Interzession. Letzteres entzieht jedem Priester- und Sakramententum, jeder Heiligenverehrung und jeder klerikalen Hierarchie den Boden; der Muslim ist der emanzipierte Gläubige par excellence. Die Ablehnung der fatalistischen Theorie von Erbsünde war für mich von noch fundamentalerer Bedeutung, weil sie auch den christlichen Lehren von Erlösungsbedürfnis, Inkarnation, Opfertod und Trinität den Boden entzieht. Allmählich begriff ich, wie ungeheuerlich, ja blasphemisch die Vorstellung ist, dass Gott die Schöpfung nicht geglückt sei; dass er das nicht habe ändern können, ohne einen Sohn zu zeugen und sich blutig opfern zu lassen; dass Gott für die Menschheit leide".[24]

Inzwischen ist die Deformierung der Person Jesus - einschließlich der Trinitätslehre - ein umstrittener Sachverhalt und Gegenstand seriöser Forschungen bei Bibelwissenschaftlern und Historikern geworden.[25] Der Kirchenkritiker Karlheinz Deschner schildert diesen Umstand prägnant und wirft ausgerechnet den Letztgenannten das Praktizieren subtiler Vielgötterei vor:

„Kompliziert wurde das Verhältnis der Person des Vaters und des Sohnes noch durch Dazukunft einer dritten, des Heiligen Geistes; woraus ein pluralistischer Monotheismus entstand, eine verfeinerte Vielgötterei".[26]

Nicht von ungefähr schrieb deshalb Hofmann am 4. Juli 1983 in seinem *„Tagebuch eines deutschen Muslims"* die Überschrift: *„Erfolgsmeldung für den Islam"*, und nur eine Zeile weiter hieß es: *„Das Beste, was dem Islam in Deutschland zustoßen konnte [...]"*. Was war geschehen? Der evangelische Theologieprofessor Paul Schwarzenau veröffentlichte in jenem Jahr sein Buch „Korankunde für Christen" und verschrieb sich zum *„Anwalt des Qur'an".*[27]

Darin legt er offenkundig dar, dass die Berichte über Jesus und Maria in den koranischen Erzählungen in einem unveränderten, archetypischen Charakter dargelegt werden. Im Zuge der Kanonisierung des Alten und Neuen Testaments fanden sämtliche Überlieferungsströme über die Urchristenheit keinen Einzug mehr zwischen den zwei Buchdeckeln der Bibel. Im Qurʾan sei man deshalb viel näher bei Jesus als in den heutigen Evangelien:

„In gewissem Sinne treten wir mit den Jesuslegenden des Qurʾans tiefer in die Urgemeinde zurück. Die apokryphe Überlieferung, die im Qurʾan sich neu zu Wort meldet, enthält bedeutsame (judenchristliche und judenchristlich-gnostische) Offenbarungsgedanken, die die sich bildende heidenchristliche Großkirche ausgestoßen hat. In den Qurʾan fließen also Überlieferungsströme wieder ein, die durch die Kanonisierung von Altem und Neuem Testament eingeschränkt oder ausgeschlossen worden sind. Wenn man das auch nicht eine ‚Fälschung' der Überlieferung nennen will, so stellt es doch eine erhebliche Umbiegung und Vereinseitigung der Überlieferung dar, die, so gesehen, der Qurʾan richtigstellt und, durch Nachoffenbarung, wieder vervollständigt. Es ist eine Tatsache, dass die jesuanische und urchristliche Überlieferung nicht ungebrochen in das Neue Testament übergegangen ist. Der Qurʾan ist die Ergänzung zum Neuen Testament".[28]

Unvoreingenommen und selbstkritisch im Umgang mit den Biblischen Schriftquellen lenkt der wohl produktivste katholische Theologe und Psychologe der Gegenwart, Dr. Eugen Drewermann, auf das ontologische Hauptproblem der christlichen Lehre hin. Hiernach besteht zwischen der christlichen und der islamischen Lehre eine entscheidende Diskrepanz in der narrativen Ausführung zum Wesen und zur Funktion des Teufels. Wird doch der Teufel in der Bibel als der Widersacher

Gottes dargestellt, der einem allmächtigen Gott den Kampf angesagt habe, so liefert der Qur´an im Kontrast dazu eine bedeutend plausiblere Erklärung für den ontologischen Anfang des Bösen. So gesehen ist der Teufel kein Gegenspieler von Gott, weil er keinerlei Gewalt über den Menschen hat (Qur´an, 14:22) und darüber hinaus seine Rolle ausschließlich als Versucher im *„göttlichen Heilsplan einnimmt"*.[29] Nach Drewermann kann deshalb Gottes Allmacht nur dann plausibel sein, wenn die Einheit des Göttlichen unberührt bleibt:

„Theologisch wird sich die Einheit des Göttlichen nur behaupten lassen, wenn nicht ein ‚Teufel' als Widersacher Gott gegenübergestellt wird: Wie könnte ein Gott ‚allmächtig' sein, der um seine Macht gegen eine Vielzahl seiner Geschöpfe ernsthaft erst kämpfen müsste? Tatsächlich weist die islamische Vorstellung von Iblis, von dem ‚Satan' der Christen, eine ergreifende Symbolik auf. In der christlichen Theologie (oder besser: in der aus einem kanaanäischen Mythos vom Morgenstern und der Sonne unter dem Einfluss des persischen Dualismus entwickelten Metaphysik) bleibt es unbegreifbar, wieso der ‚oberste der Engel' so stolz hätte (nicht sein, sondern:) werden können, sich gegen Gott zu erheben. Um es deshalb so klar wie möglich zu sagen: Gerade die Theorie, mit der die christliche Theologie alle Übel der Welt sowie die Erlösungsbedürftigkeit des Menschen zu erklären versucht, ist in sich selber vollkommen unklar – nicht einmal das Motiv zum ‚Bösen' wird in ihr auch nur annähernd plausibel; die christlich dogmatisierte Fassung des alten Mythos ist ganz einfach widersprüchlich, verworren und schlecht erzählt. Genial hingegen nimmt sich die islamische Geschichte vom Teufel aus, wie sie im Qur´an (2,35; 7,12-20) überliefert wird: Als Gott den Menschen schuf, sprach er zu den Engeln: ‚Fallet vor Adam nieder'. Alle Engel taten das, nur Iblis (die arabisch verstümmelte Form von griechisch Diabolos, gleich dem deutschen Lehnwort Teufel), der hochmütige Teufel,

weigerte sich. Gedacht wird bei den Erklärern der Stelle zumeist daran, dass Iblis aus Feuer geschaffen war, Adam aber nur aus Lehm".[30]

Schließlich fuhr Hofmann am 8. September 1980 zu einer Ausbildungsstätte des Auswärtigen Amtes im Bonner Venusberg, um an einem Seminar zum Thema Islam teilzunehmen. Im Seminar referierte der ehemalige deutsche Botschafter und Islam-Konvertit Muhammad Aman Hobohm zusammen mit seinem Kollegen Muhammad Ahmad Rassoul, der gleichzeitig auch der Leiter des Verlags Islamische Bibliothek in Köln war. Hofmann hatte zuvor ein zwölfseitiges Manuskript für seinen Sohn ausgearbeitet, um für ihn *„in apodiktischer Weise das (wenige) festzuhalten, was ich im philosophischen Sinne für wahr hielt"*. Muhammad Rassoul war über den Inhalt des Manuskriptes sehr überrascht gewesen und sagte, wenn er von dem überzeugt sei, was er da ausformuliert habe, dann sei er ein Muslim! *„Ich konnte dies nicht fassen. Doch dann überzeugte er mich mit seinem Wunsch, diesen Text als „Ein philosophischer Weg zum Islam" im eigenen Verlag herauszubringen".[31]* Wenige Tage später, am 25. September 1980, hatte ich mein Glaubensbekenntnis abgelegt:

„Ich bezeuge, dass es keinen Gott außer Allah gibt; und ich bezeuge, dass Muhammad Allahs Gesandter ist".[32]

Allerdings sei hier zum Prozess der Konvertierung noch ein wichtiger Punkt anzumerken. Die Zeitspanne bis zu seiner Konversion umfasste nach längerer, intensiver Forschung zum Islam ca. zwanzig Jahre. In einem Fernseh-Interview bemerkte Hofmann zudem, vor seinem offiziellen Übertritt mehr als zweihundert Bücher zum Thema Islam gelesen zu haben und fügte lapidar hinzu:

„Denn man wechselt eine Religion nicht wie ein Hemd, und ich wollte mir nun wirklich todsicher sein, dass das die richtige Wahl ist".[33]

III. Muhammad Asad

Ohne Zweifel war es Muhammad Asad, der den größten Einfluss auf Hofmann hatte und der mit seinen Bestseller-Publikationen wie *„Der Weg nach Mekka"* und *„Die Botschaft des Qur'an"* die Konversion Hofmanns nachhaltig geprägt hatte. Er war sozusagen quasi sein *„Geburtshelfer zum Islam".*[34] Demzufolge schrieb Asad seinem Bewunderer ein Vorwort zur ersten Auflage seines Buches *„Tagebuch eines deutschen Muslims".*[35] Schließlich würdigte Hofmann nur vier Jahre später, nach Asads Tod, seinen Mentor in seinem 1996 veröffentlichten Buch *„Reise nach Mekka"* durch eine Widmung mit den Worten: *„Meinem Mentor Muhammad Asad (1900 - 1992) in Dankbarkeit".* Bezüglich Asads Buch *„Der Weg nach Mekka"* gibt es für Hofmann *„Kein anderes Buch, außer dem Qur'an selbst, das jemals mehr Menschen den Weg zum Islam gewiesen hat".*[36]

In der Tat haben seriöse Studien diese Annahme inzwischen exzeptionell belegt. Die Religionssoziologin Prof. Monika Wohlrab-Sahr macht in diesem Zusammenhang, als Ausgang ihrer langjährigen, durchgeführten Studie *„Konversion zum Islam in Deutschland und den USA",* die folgende Feststellung: *„Sollte überhaupt irgendein Muslim aus dem deutschen Sprachraum eine Art Vorbildfunktion für Konvertiten eingenommen haben, war es sicherlich Muhammad Asad".*[37] Hier könnte verständlicherweise der Eindruck entstehen, dass Asad demzufolge auch in der muslimischen Welt für seinen enormen Beitrag zur islamischen Renaissance geschätzt würde. Dem ist nicht so. Selbst *„in der arabischen Welt ist es heute kein Bildungsfehler, von Asad nichts zu wissen".*[38] In seinem Leitartikel *„Muhammad Asad - Europas Geschenk an den Islam"*[39] analysiert Murad Hofmann eingehend die Hintergründe und die Ursachen, weshalb viele Muslime auch heute noch skeptisch gegenüber Asad bzw.

ihm gegenüber feindlich gestimmt sind. Hofmann erlebte dies während eines Vortrages im April 2000 in Washington am eigenen Leibe:

> *„Kaum hatte ich in meinem Vortrag Asad positiv erwähnt, als mir jemand zurief: ‚Weißt du denn nicht, was Asad zu an-Nur (Sure 24) geschrieben hat?"*[40]

Zusammengefasst können hier die folgenden zwei Punkte skizziert werden:

1) Die orthodoxen Muslime werfen ihm im Grunde vor, ein heimlicher Anhänger der rationalistischen Philosophieschule der Mu´taziliten (Baghdad, 9./10. Jahrhundert) zu sein. Der deutlichste Beweis wäre hierfür in seiner vernunftbetonten Auslegung sämtlicher Qur´anverse zu erschließen, die besonders von der Mehrheit der Qur´an-Exegeten in Bezug auf die Wunder nur eine streng literalistische Lesart (wörtlich) gelten lassen. Wie die Geschichte um Jesus in der Bibel bekannt ist, so unterstreicht auch der Qur´an das sogenannte Wunder um die Auferweckung der Toten durch die heilende Hände Jesu:

> *„Und als Gesandter (Allahs) an die Kinder Israel (wies Jesus sich aus mit den Worten) „Ich bin mit einem Zeichen von eurem Herrn zu euch gekommen, dass ich euch aus Lehm etwas schaffe, was so aussieht, wie Vögel. Dann werde ich hineinblasen, und es werden mit Allahs Erlaubnis Vögel sein. Und ich werde mit Allahs Erlaubnis Blinde und Aussätzige heilen und Tote (wieder) lebendig machen. Und ich werde euch Kunde geben von dem, was ihr in euren Häusern esst und aufspeichert. Darin liegt für euch ein Zeichen, wenn ihr gläubig seid."* (Qur´an, 3:49).

Ergänzend zu den klassischen Korankommentatoren, die faktisch nach wie vor an dem Wunder der Erweckung festhalten, versucht Asad indessen eine alternative Lesart im übertragenen Sinne aufzuzeigen:

> *„Es ist wahrscheinlich, dass das ‚Auferwecken der Toten' durch Jesus eine metaphorische Beschreibung dafür ist, dass er Menschen neues Leben gab, die spirituell tot waren. Wenn diese Interpretation - wie ich glaube - richtig ist, dann hat das ‚Heilen der Blinden und der Aussätzigen' eine entsprechende Bedeutung: nämlich eine innere Regeneration von den Menschen, die spirituell krank und blind gegenüber der Wahrheit waren."*[41]

Viele islamische Gelehrte empfanden Asads Kommentierungen, essenziell im Zusammenhang mit den Interpretationen rund um die Wunderberichte, für eine gezielte Entstellung.[42] Sie wurden deshalb kurz nach ihrer Veröffentlichung im Jahre 1980 zur am meisten umstrittenen Tafsir deklariert, und man scheute sich in Saudi-Arabien nicht, die erste Auflage zu vernichten. Asads Biograph Dr. Günther Windhager beschreibt das Geschehen folgendermaßen:

> *„Asads zeitgemäße Herangehensweise und eine allegorische Interpretation mancher Verse lösten unter einigen Gelehrten Kontroversen aus. In Saudi-Arabien wurde sie bereits vor der Veröffentlichung des gesamten Textes im Jahr 1974 verboten. Die Zurückweisung von ‚The Message of the Qur'an' durch konservative Kreise war zugleich Ausdruck eines wachsenden intoleranten Klimas, mit dem sich Asad in seinen späten Lebensjahren zunehmend konfrontiert sah".*[43]

2) Obwohl der Qur'an in der Sure al-Hudschurat, Vers 13, rassistische Vorurteile sowie kulturellen Chauvinismus unzweideutig missbilligt, so kann doch immer wieder festgestellt werden, dass nicht alle Muslime ihre ethnischen Vorbehalte abgeworfen haben. Dies trifft besonders auf jene zu, die vom Judentum zum Islam konvertierten. Daher konnte ein Gelehrter wie Asad auch keine Ausnahme bilden denunziert zu werden, zumal nach dem Israel-Palästina-Konflikt die Fronten der beiderseitigen Wahrnehmungen um ein weiteres erhärtet sind. Ohnedies schrieb Hofmann nicht von ungefähr auf diesen Umstand hinweisend:

„Als vom Judentum herkommender Konvertit konnte Asad dem Vorurteil nicht entgehen, er habe den Islam gewählt, um ihm zu schaden. Dieser strukturelle Verdacht wurde akut, als er sich 1952 nach 22-jähriger Ehe von seiner dritten Frau, Munira bint al-Husayn al-Shammari, Mutter von Talal, scheiden ließ, um Pola Hamida zu ehelichen, eine Amerikanerin polnischer Herkunft. Es nutzte ihm nichts, dass auch früher jüdische Konvertiten zu vorbildlichen Muslimen geworden waren, wie der frühere Rabbi Abd allah b. Salam, dem Muhammad (s) nach einer Überlieferung von Mu'adh b. Jabal einen Platz im Paradies vorausgesagt hatte. Denn der gleiche Überlieferer hatte auch von einem Juden im Jemen zu erzählen, der den Islam wieder verlassen hatte. Sowohl Ibn Ishaq als auch Ibn Kathir berichten in ihren Propheten-Biographien (sira) von einer ganzen Reihe von jüdischen Heuchlern, darunter Sa'd b. Hunayf, die ihren Islam lediglich vorgespielt hatten. Von Abu Hurayra wissen wir, dass der Prophet (s) klagte, noch nicht einmal 10 Rabbiner für den Islam gewonnen zu haben. Jedenfalls erwarten auch heute zahlreiche Muslime, dass der Islam sich weiter aufspaltet und dass ehemalige Juden dabei ihre Hand im Spiel haben werden".[44]

In der Tat ist es nicht unschwer nachzuweisen, dass diese Vorbehalte im tiefen Unterbewusstsein vieler Muslime noch weiterhin bestehen. Anfang der 60er-Jahre des vorigen Jahrhunderts stieß die später zum Islam konvertierte amerikanisch-jüdische Schriftstellerin Maryam Jameelah alias Margaret Marcus auf die Bücher *„Der Weg nach Mekka"* und *„Islam am Scheideweg"* von Asad. Sie war von beiden so sehr beeindruckt, dass ihr persönlicher Werdegang zum Islam maßgeblich durch sie beeinflusst wurde. In jenen Jahren korrespondierte sie mit dem pakistanischen Politiker und Gelehrten Abul Ala al-Mawdudi[45] und befragte ihn nach seiner Meinung über Asad. Enttäuscht musste sie bereits in den Anfangszeilen des Briefes von Mawdudi lesen, worin dieser betonend auf Asads jüdische Herkunft hinwies, dass dessen Bücher nur mit Vorsicht zu genießen seien:

„Vielleicht wird es Sie interessieren, dass Asad österreich-jüdischer Herkunft sei [...] Er hat sich letztens von seiner arabischen Frau getrennt und eine moderne Amerikanische geheiratet, das hat zweifelsohne (Asads) Abweichung (von der islamischen Lebensweise) erheblich beschleunigt".[46]

Inzwischen wird Asad mehr denn je geschätzt, darunter von namhaften Korankommentatoren wie z. B. von Mustafa Islamoglu[47] und Prof. Hasan Elik[48], die Asads Kommentierung als Pionierarbeit und Wegbereiter für neuere Generationen bezeichnen. Für Islamoglu besteht außerdem kein Zweifel daran, dass der größte Erfolg von Asads Schaffenswerk wohl darin liegt, dass *„sehr viele Menschen, die noch nie zuvor eine Qur'an-Ausgabe zur Hand hatten, durch seine Übersetzung auf den Geschmack des Verstehens gekommen sind".*[49]

Asad hat durch seinen Tod nichts von seinem Bekanntheitsgrad eingebüßt. Im Gegenteil, erst im 21. Jahrhundert ist es im Großen und Ganzen gelungen, seine Werke in zahlreiche Sprachen zu übersetzen[50], womit seine Einflussnahme enorm gestiegen ist. Seinen außerordentlichen intellektuellen Beitrag zur islamischen Renaissance kann, jedenfalls laut Hofmann, heute niemand mehr bestreiten:

„Dennoch wächst Asads Prestige auch nach seinem Tod weiter an, vor allem in Europa und in den Vereinigten Staaten. Längst erwarten viele Muslime, auch im Orient, dass eine Revitalisierung ihrer Religion im 21. Jahrhundert aus dem Westen kommt: Eher aus Los Angeles, Washington, London, Oxford und Kuala Lumpur als aus Kairo, Fes, Islamabad und al-Madina. Wenn dies zutrifft, kommt auch die Stunde, von der an das Gesamtwerk Muhammad Asads islamweit zu seinem wahren Wert eingeschätzt wird".[51]

IV. Der Islam als Alternative

1) Vermutlich sorgte kein anderes Buch Anfang der 90er-Jahre für mehr Kontroverse als das Buch *„Der Islam als Alternative"* von Murad Hofmann. Eklatanterweise ereignete sich noch vor der Veröffentlichung des Buches ein ungewöhnlicher Vorfall. Der traditionsreiche Verlag Eugen Diederichs, der für seine Veröffentlichungen zu den Weltreligionen und zur Esoterik bekannt ist, nahm das Buch im Sommer 1991 für die Publikation ins Verlagsprogramm auf. Doch schon im Herbst 1991 bat der Verlagsleiter Hofmann, *„gegen Zahlung einer größeren Abfindung den Vertrag aufzulösen, weil es unter den Verkäufern des Verlags einen Aufstand gegen das Buch gegeben hatte; sie wollten es nicht vertreiben".*[52] Hofmann hielt jedoch an dem Vertrag fest und so wurde das Buch für April 1992 angekündigt. Im hessischen Fernsehen gab Hofmann anschließend ein Interview für die Journalistin Frau Elisabeth Pfister. Im Vorfeld wurde eine Sperrfrist bis zur Veröffentlichung des Buches beschlossen, worauf der Diederichs-Verlag auch bestanden hatte. Zu dessen Entsetzen wurde die Sperrfrist seitens der Journalistin jedoch nicht eingehalten, und das Interview wurde vor dem Erscheinen des Buches im Fernsehen ausgestrahlt.

Das war im Grunde der Anfang einer unerbittlichen Verleumdungskampagne gegen die Person Murad W. Hofmann. Schon allein der Titel des Buches löste bei der ARD und der *„Bild am Sonntag"* eine Medienkampagne aus. Noch schlimmer war das völlige Entstellen des Interviews durch die Journalistin:

„Frau Pfister entstellte das Interview völlig durch suggestive Collagen. So wurde mein Gebet in der Residenz unter das Bild des Bundespräsidenten in der Botschaft verlegt. Zwei gläserne Briefbeschwerer der UNESCO mit der arabischen Aufschrift „Allah" und „Muhammad" wurden zu einem „Hausaltar" in

*der Botschaft arrangiert. Auch wurden vermummte Frauen aus Algerien eingeblendet, als setzte sich das Buch dafür ein".*⁵³

Ausgehend von diesem Interview forderte die SPD Politikerin Däubler-Gmelin den Bundesaußenminister Hans-Dietrich Genscher aufs Schärfste dazu auf, seinen Botschafter unverzüglich abzuberufen:

*„Dieser Mann ist als Botschafter untragbar [...]." Außenminister Genscher sollte das Buch schleunigst lesen und sicherstellen, dass ein solcher Mann unser Land nicht mehr repräsentiert [...]." Das Buch sei für sie das „Werk eines ziemlich einfältigen Machos, der noch nicht einmal weiß, was in unserer Verfassung steht".*⁵⁴

Die „Bild am Sonntag" druckte sogar drei Wochen hintereinander ihre Hetzkampagne ab, in der sie den deutschen Botschafter beschuldigte, dass dieser *„die Vielehe, das Schlagen von Frauen, das Abhacken von Händen und das Steinigen von Ehebrechern"* idealisieren würde.⁵⁵

Der eigentliche Skandal an diesen nicht haltbaren Gerüchten war, dass keiner von denen das Buch je gelesen hatte, da es erst am 6. April verfügbar war. Später stellte sich auch heraus, dass Frau Däubler-Gmelin das Buch gar nicht gelesen, sondern es nur aus den Medien kannte. Hofmann beschreibt die damalige Situation:

„Die Medienattacken sind inzwischen so bösartig geworden, dass ich mich rechtlos gestellt fühle. Denn da ich als Botschafter angegriffen werde, darf ich mich nicht selbst verteidigen, sondern muss dies meinem Dienstherrn, dem Auswärtigen Amt, überlassen. Dieser aber konnte bis vor wenigen Tagen nichts unternehmen, weil das Buch nicht verfügbar war. Als das Auswär-

tige Amt schließlich ein Vorexemplar erhielt, stellte sich - viel zu spät - heraus, dass es sich um ein nicht zu beanstandendes Sachbuch handelt und keiner der gegen mich erhobenen Vorwürfe stichhaltig war. Das Auswärtige Amt stellte sich daraufhin mit einer Presseverlautbarung vor mich, und so bleibe ich Botschafter in Marokko wie bisher. Die Medien allerdings hatten kein Interesse daran, meine Rehabilitierung abzudrucken; und auf eine Entschuldigung, etwa von Frau Däubler-Gmelin, MdB (SPD), warte ich noch immer. In der Tat: Niemand entschuldigte sich, auch nicht für das Leid, dass man meiner alten Mutter und meiner Familie angetan hatte. Ich hatte im Übrigen weniger als meine Umwelt gelitten, zumal die Kampagne in den Monat Ramadan fiel. Mein Fasten half mir, mehr als ohnedies schon zu zweitrangigen Dingen wie Karriere und Prestige geistigen Abstand zu halten".[56]

Ernüchternd stellte deshalb am 15. Mai 1992 Fredy Gsteiger in seinem Artikel in *„Der Zeit"* folgendes fest:

„Dieser Mann (Murad Hofmann) also soll, wie die ersten Presseberichte glauben machten, der Züchtigung der Frau, dem islamischen Strafrecht, der Polygamie, wenn nicht gar dem ‚Heiligen Krieg' das Wort reden – und womöglich gleich am liebsten selbst das Schwert des Islam schwingen. Die Artikel kranken freilich an einem gewichtigen Makel: Sie waren gedruckt, ehe das Buch vorlag. Die Autoren der süffigen Storys über die angeblichen Exzesse eines Ajatollahs unter schwarzrotgoldenem Banner haben es offenkundig versäumt, Hofmanns zweihundert Seiten zu lesen".[57]

2) Nach dem Verfall des Kommunismus waren die meisten Amerikaner triumphalistisch darüber einig, dass allein ihr „American Way of Life" sich als dominierendes Weltmodell zum Vorbild aller Länder bewährt hätte. Der ehemalige Leiter des Planungsstabs des amerikanischen Außenministeriums Francis Fukuyama lieferte die theoretische Grundlage dafür in, *„The End of History"*.[58] Danach wäre die kapitalistische Lebensweise bzw. ihr Wertesystem universal die bestmögliche und die dominierende zugleich. Kaum einer rechnete noch bis zum Ende des 20. Jahrhunderts mit einer Revitalisierung des Islam, bis schließlich die schiitische Revolution diesem Mythos ein Ende bereitete. Unlängst waren inzwischen die stärksten Oppositionsparteien in den sogenannten islamischen Ländern gleichwohl mit einem islamisch politischen Hintergrund versehen. Max Henning schrieb 1901 noch im Vorwort zu seiner Qur´an-Übersetzung - in einer Zeit der fast zu hundert Prozent kolonialisierten islamischen Welt - dass der Islam *„anscheinend seine politische Rolle ausgespielt"*[59] habe. Daher gingen selbst die Islamologen bis in die 50er-Jahre noch davon aus, dass demzufolge das Ableben ihres Studiengegenstandes und dessen Dahinscheiden kurz bevorstünde.[60] Doch dann kam ein unerwarteter Paradigmenwechsel in der westlichen Perzeption zustande. Unerwartet attestierten selbst nicht religiöse Menschen wie der Publizist und Zukunftsforscher Robert Jungk (1913 - 1994) dem Islam, er sei eine Glaubensbewegung, die blindem Wachstum und krassem Materialismus Einhalt gebieten könnte. Kurz nach der iranischen Revolution stellte Jungk 1981 folgendes in Ausschau:

„Es ist denkbar, dass der Islam in zunehmendem Maße welthistorische Bewegungen mobilisiert, die den abendländischen „Way of Life" nach einem Jahrhundert der planetaren Eroberungen und kulturellen Transformationen an ein Ende bringen".[61]

Demzufolge beschloss Hofmann, dem Amerikaner Francis Fukuyama auf einer wissenschaftlich fundierten Grundlage zu antworten, indem er die wichtigsten Klischees über den Islam rational und sachlich angehen würde:

„Im historischen Palais Salam-Hotel von Taroudant, Hauptstadt der [...] fruchtbaren Sousse-Region, kam mir urplötzlich die Idee, dass ich Fukuyama antworten sollte. Der weggefallende Ost-West-Konflikt sei doch lediglich von einem Nord-Süd-Konflikt abgelöst worden. Dies sei aber doch ein Symptom dafür, dass es nach wie vor eine Alternative zur westlichen Lebensform und Weltanschauung gebe, nämlich den Islam. Bei meiner Antwort sollte ich versuchen, die wichtigsten der stereotypen, im kollektiven Bewusstsein des Okzidents verankerten anti-islamischen Vorurteile zu entschärfen, durch Kapitel über Themen wie ‚Heiliger Krieg', ‚Fundamentalismus', ‚Fatalismus', ‚Verschleierung' und ‚islamisches Strafrecht".[62]

Erstaunlicherweise erlebte das Buch eine große Verbreitung auf dem deutschen Büchermarkt, was bislang keiner anderen pro-islamischen Literatur auf dem Markt gelungen war. Damals wie heute dominiert auf den Bestsellerlisten und in den Bücherregalen eine Fülle von grundsätzlich dem Islam gegenüber Ressentiments schürenden Publikationen.[63] Allerdings war es auch der erste Versuch aus der Feder eines Intellektuellen, den Nachweis zu erbringen, dass der Islam die einzige Alternative zur westlichen Konsumgesellschaft sei:

„Solange sich noch westliche Welt und Kommunismus gegenüberstanden, konnte sich der Islam als ‚dritter Weg', also als eine Option zwischen diesen beiden Weltanschauungen, begreifen. Heute jedoch sieht er sich als alternativen Entwurf zur Lebensbewältigung in einer erneut dualistisch gewordenen Welt. Dass der Islam im 21. Jahrhundert weltweit zur dominierenden Religion werden wird, ist für weitsichtige Beobachter nahezu evident [...] Der Islam betrachtet sich nicht nur als Alternative zur postindustriellen westlichen Gesellschaft. Er ist die Alternative".[64]

„Der Islam als Alternative" wurde nicht nur im englischsprachigen und arabischen Raum mehrfach neu aufgelegt, sondern das Buch wurde bisweilen mit Interesse auch auf Albanisch, Bosnisch, Indonesisch, Malayalam und im Türkischen von einer breiten Leserschaft gelesen. Eigentlich sollte auf dem Büchermarkt üblicherweise nur eine goldene Erfolgsregel gelten, nämlich, dass die Bücher für das Unternehmen gut verkauft werden und die Auflagen mit großem Interesse stetig zu generieren sein sollten. Diese Regel dürfte jedenfalls, mit einer Ausnahme, nicht für pro-islamische Bücher gelten: *„Mein britischer Verleger in Reading sagte mir 1995, dass sich englische Buchläden inzwischen scheuten, mein Buch „Islam: The Alternative" im Schaufenster auszulegen. Es sei nicht mehr unbedenklich, pro-islamische Literatur offen anzubieten".*[65] Dies verdeutlicht zusehends noch einmal, welch verzwickten Umständen pro-islamische Bücher mitten in Europa ausgesetzt sind und mit welchen Hürden sie zu kämpfen haben, um eine erfolgreiche Verbreitung und Platzierung bei Buchhändlern zu erreichen. Deshalb scheint es unterdessen nicht mehr zu überraschen, in den Bücherregalen der Buchhandlungen fast ausschließlich auf (zumindest dem Islam gegenüber) nicht wohlmeinende Publikationen zu stoßen.

3) In Westeuropa und besonders in Deutschland werden die Muslime des Öfteren darüber belehrt, dass der Islam unbedingt eine adäquate *„Aufklärung"*, mit dem Christentum als Vorbild, durchschreiten müsse, um entsprechend in der Moderne auch wirklich anzukommen. Im Gegensatz zum christlichen Europa gab es jedoch keinen nachhaltigen Bedarf für die Geburt eines Aufklärungsprozesses im muslimischen Raum. Schon allein die Terminologie sowie die im Westen gebräuchlichen Begrifflichkeiten und Konzepte können nicht willkürlich und ohne Weiteres von einer Tradition in die andere übertragen werden, weshalb in jeder Hinsicht eine be-

sondere Sorgfalt im Umgang mit diesen notwendig ist. Aus historischem Blickwinkel betrachtet war die Aufklärung die Erhebung der Vernunft gegen die unterdrückende Autorität der Kirche. Zu jener Zeit war es nicht ohne gravierende Folgen möglich gewesen, die kirchliche Dogmatik „*Glaube vor Vernunft*" und die bis dato noch uneingeschränkte Autorität der Kirche in Frage zu stellen. Schließlich wurden die Gegner, die sich gegen die erdrückende kirchliche Dominanz kritisch erhoben hatten, als Ketzer denunziert, worauf ihnen unmittelbar eine Anklage wegen Ketzerei mit lebensgefährlichen Konsequenzen bevorstand.[66] Desgleichen stellt Hofmann die Schattenseiten der postindustriellen Welt explizit in Frage, indem er die destruktiven Nachwirkungen auf die Gesellschaft darlegt. Seine Kritik basierte maßgeblich auf den beiden Büchern „*The Cultural Contradictions of Capitalism*" von Daniel Bell sowie „*Requiem for Modern Politics*" von William Ophuls. In beiden Werken werden die „*selbstzerstörerischen Mechanismen der westlichen Kultur*" scharf geschliffen analysiert.[67] Mit dem Dahinschwinden des christlichen Glaubens ginge einher:

„*[…] dieser Verlust an Transzendenz, dieser Vulgärmaterialismus in Ost und West, provozierte den gierigen Hedonismus eines bindungsfreien Menschen, der seine Gefühlswelt zum Maßstab aller Dinge nimmt und von unaufhörlichem ‚Fortschritt' ein Konsumparadies auf Erden erwartet*". *Darauf steuerte denn auch eine Industriegesellschaft zu, deren oberste Maximen ökonomischer Natur sind: Wachstum, Rentabilität, Vollbeschäftigung, Gewinnmaximierung und Spezialisierung*".[68]

Unbestritten scheint der auf calvinistischen Werten gewachsene Kapitalismus zur Selbstzerstörung zu führen:

„[...] wenn er zum ökonomischen und wissenschaftlichen Fortschrittswahn wird; denn dann schlagen ursprüngliche Tugenden wie Fleiß, Treue, Sparsamkeit, Disziplin und Leistungsbereitschaft in ihr Gegenteil um und vergiften das System: als Konsumerismus, sexuelle Libertinage, Gleichmacherei, ‚kein Bock' Syndrom und ähnliches. Die postindustrielle Welt produziert eben fast alles, nur keine Antworten auf die Frage nach dem Sinn von Leben und Sein: Woher? Wohin? Warum?".[69]

Nicht ohne Neid gestand schließlich der Jesuit Francis Edwards in der Londoner Times ein:

„In einer Welt des Materialismus, des Hedonismus und der Technologie [...] gelingt es den islamischen Massen noch immer, Gott und nicht die Technologie zur zentralen Gewissheit ihres Lebens zu machen".[70]

Deswegen plädiert Hofmann für die unbestreitbare Realität:

„[...] wonach in einer materialistisch–agnostischen Welt sämtliche Gottesgläubigen im selben Boot sitzen, das sie mehr eint als trennt".[71]

Insofern hat der Islam der westlichen Welt an Werten einiges zu bieten, was ihr bitter Not tut.[72] Außerdem begreift sich der Islam keineswegs als einen Bittsteller in der Minderheit, sondern gemäß Hofmann als ein *„Zulieferer von Werten und Verhaltensweisen:*

„[...] dass die Muslime, ob eingewandert oder konvertiert, nicht nur etwas wollen, nämlich Duldung, sondern etwas anzubieten haben, was dem Okzident täglich mehr Not tut: einen Wertekonservatismus, der sich dem Verfall moralischer Vorstellungen nicht ausliefert, sondern modeunabhängig dagegenhält".[73]

V. Der Qur´an

Dem Büchermarkt mangelt es sicherlich nicht an deutschen Qur´anübersetzungen. Die erste deutsche Qur´anübersetzungen des 20. Jahrhunderts aus der Feder eines Muslims stammte von Maulana Sadr-ud-Din aus dem Jahr 1938. Sadr-ud-Din war der damalige Imam der Berliner Moschee und gehörte zudem der Ahmadiya-Bewegung in Lahore an.[74] Abgesehen von den unzähligen nichtmuslimischen Qur´anübersetzungen veröffentlichte 1986 als erster Nicht-Ahmadiya-Muslim Muhammad Ahmad Rassoul *„Die ungefähre Bedeutung des Qur´ans in deutscher Sprache".*[75] Allerdings erschien die erste Qur´anübersetzungen eines Muslims, dessen Muttersprache auch Deutsch ist, von Ahmad von Denffer.[76] Des Weiteren wurde unter der Leitung von Fatima Grimm in München 1997 eine fünfbändige, großformatige Gemeinschaftsübersetzung unter dem Namen *„Die Bedeutung des Qur´ans"* herausgegeben.[77]

Mitte der 90er-Jahre wollte der türkische Verleger Saban Kurt in seinem Verlag *„Cagri Yayinlari"* in Istanbul erstmals eine deutsche Übersetzung des Qur´ans herausgeben. Der Verlag ist unter anderem auch dafür bekannt geworden, den Qur´an in den wichtigsten Sprachen der Welt zu veröffentlichen. Saban Kurt war besonders daran interessiert, die Übersetzung von Max Henning (Pseudonym) von 1901 zu publizieren, da sie nicht mehr urheberrechtlich geschützt war, und beschloss deshalb 1995 bei Murad Hofmann anzufragen, ob er ihm dabei behilflich sein könnte. Hofmann konnte bei seiner Zusage zur Bearbeitung der Übersetzung von Henning zum damaligen Zeitpunkt noch nicht erahnen, welch enormer Aufwand ihm noch bevorstehen würde:

"Als ich zusagte, hatte ich keine Vorstellung vom damit verbundenen Arbeitsaufwand: Der alte Text musste von der gothischen in die lateinische Druckschrift gebracht werden. Die der Einteilung von Gustav Flügel aus dem 19. Jahrhundert folgende Verszählung war in Ordnung zu bringen. Einleitung und Fußnoten mussten als für Muslime inakzeptabel ersetzt werden. Der Index war um Begriffe zu ergänzen, die im qur´anischen Text unmittelbar nicht vorkommen, wie z. B. ‚Homosexualität'. Auch führte ich wie bei Muslimen üblich für sich auf Allah beziehende Worte Großschreibung ein. Das war bei weitem nicht alles. Ich musste feststellen, dass sich die deutsche Sprache seit 1901 so stark verändert hatte, dass viele von Hennings Sätzen heute unverständlich waren. (Welch ein Kontrast zur arabischen Sprache, die dank des Qur´an seit 1400 Jahren gleich geblieben ist.) Davon abgesehen musste ich die orientalistische Übersetzung durchgängig „islamisieren", ihr also die Bedeutung geben, die sie traditionell bei Muslimen hat. Ich beließ es bei der von Henning gewählten Übersetzung, sofern sich wenigstens eine entsprechende muslimische Übersetzung ins Deutsche, Englische, Französische oder Türkische fand. Andernfalls folgte ich der muslimischen Mehrheitsmeinung. Wenn die Muslime über die Bedeutung eines Verses untereinander sich nicht einig waren, folgte ich häufig, doch nicht immer, der Übersetzung von Muhammad Asad. Als meine deutsche Quran-Bearbeitung erschien, erst in Istanbul und dann auch bei Diederichs in München, konnte ich nicht ahnen, wie stark sie sich durchsetzen würde".[78]

In diesem Zusammenhang sei zum besseren Verständnis daran erinnert, dass die mittlerweile reichhaltigen Qur´anübersetzungen von Muslimen auf dem deutschen Büchermarkt damals noch nicht vorhanden waren.

Tatsächlich war es umso mehr überraschend, warum ausgerechnet Hofmanns überarbeitete Qur´anübersetzungen sich bislang am stärksten verbreitet hat und inzwischen sogar in über 15 Versionen gedruckt worden ist.[79] Auf die Frage nach dem Erfolg antwortete Hofmann in einem Interview dazu: *„Ich weiß das auch nicht, vermute aber, dass es mit meiner unemotionalen Ausstattung der Ausgabe mit lakonischen Fußnoten zu tun hat".*[80] Fürwahr war der Erfolg der Übersetzung nicht nur ihrer Nähe zum Original, sondern vor allem den hilfreichen Fußnoten von Hofmann zu verdanken. Um dies hier lapidar zu illustrieren, wird im Folgenden ein Beispiel aufgeführt:

In Sure 2, Vers 25 heißt es in der Übersetzung von Rassoul: *„Und Ihnen gehören darin ‚Gattinnen' vollkommener Reinheit [...]".* Hier wird dem Leser impliziert, dass nur den Männern Gattinnen im Paradies vorbehalten seien.

Der gleiche Vers lautet in der überarbeiteten Übersetzung von Hofmann folgendermaßen: *„Und darin werden sie ‚reine Partner' haben [...]".*

In der dazugehörigen Fußnote wird resümiert:

„Das arabische Wort dafür (zawj, pl. azwaj) ist nicht geschlechtsgebunden. Danach werden Frauen wie Männer im Paradies Partner des anderen Geschlechts haben".[81]

Bereits 1995 beschrieb der zum Islam konvertierte CDU-Politiker Christian Abdul Hadi Hoffmann in seinem Buch *„Zwischen allen Stühlen"* seine eigene Erfahrung im Umgang mit der Lektüre des Qur´an. Resultierend aus seiner Erkenntnis unterstrich Abdul Hadi die Notwendigkeit einer kommentierten Qur´an-Ausgabe, um die Bedeutungen in ihren Zusammenhängen richtig zu verstehen:

„Jedermann weiß, dass der Qur'an das offenbarte Wort Allahs ist. Was aber tatsächlich in ihm steht, wissen schon weit weniger Menschen im westlichen Kulturkreis. Den Qur'an wirklich zu verstehen ist jedoch auch für Menschen, die im Islam geboren wurden, eine lebenslange Aufgabe. Aus diesem Grund war es ein ziemlich gewagtes Unternehmen von mir, im Alleingang den Qur'an durchzuackern und zu glauben, ich hätte etwas verstanden. Schon beim Kauf machte ich aus Unwissenheit einen schweren Fehler: Ich kaufte eine völlig unkommentierte Ausgabe, in der Annahme, ich könne die Aussagen schon verstehen und in ihrer Bedeutung richtig erkennen. Heute weiß ich, dass auch der deutsche Text schlecht war, und ich kann nur dankbar sein, dass ich durch dieses Experiment nicht in die Irre gegangen bin".[82]

Nicht anders schilderte ohnedies zuvor der britische Muslim und Diplomat Charles Le Gai Eaton die Interaktion mit dem Qur´an. Die Einstellung bzw. Überzeugung, der Qur´an ließe sich wie andere, gewöhnliche Bücher lesen, sei weit hergeholt:

„Es muss Boden gerodet werden, ehe wir hoffen können, dem Qur'an nahezukommen - dorniger Boden! -, und dass man die Dornbüsche nicht sofort sieht, macht es noch schwieriger, sich auf ihm zurechtzufinden. In jeder religiösen Tradition und in jeder uralten Legende sind heilige Dinge und heilige Orte streng bewacht, und man kann sich ihnen nur durch harte Mühe und Reinigung nähern. Der Qur´an ist keine Ausnahme".[83]

Wenngleich der Qur´an sein eigener und bester Kommentator ist, so wird dennoch das Heranziehen sachkundiger Kommentierung nicht von der Hand zu weisen sein. Aus diesem Grund listet Hofmann sieben Grundsätze auf, die zum koranischen Verständnis herangezogen werden sollten:

- *alternative Wortbedeutungen und grammatikalische Besonderheiten*

- *parallele Stellen (Konkordanz)*

- *Erläuterungen durch den Propheten (Hadith)*

- *Qur´an-Verständnis der Prophetengefährten*

- *parallele Fundstellen in der Bibel*

- *Ort, Zeit und Anlass der Einzeloffenbarungen (Usul al-Qur´an)*

- *vorislamische Verhältnisse*[84]

Hinsichtlich des letzten Punktes wird z. B. von Abdullah ibn Abbas (gest. 688) überliefert, dass dieser die Muslime eigenmächtig dazu ermutigte, bei Bedarf und bei Unklarheiten zur Auslegung des Qur´ans die vorislamische Poesie für die Interpretation heranzuziehen:

„Wenn ihr mich über ein ungewöhnliches Wort im Qur´an befragt, sucht es in der Dichtung wie zum Beispiel im arabischen Diwan".[85]

Selbst der zweite Kalif Umar ibn al-Chattab (gest. 644) soll die Muslime von der Kanzel aus aufgefordert haben, die vorislamische Poesie zum Tafsir des Qur´an zu benutzen:

„O ihr Menschen! Seht zu, dass ihr die Dschahaliyya Dichtung zusammentragt, weil in dieser das Tafsir für euer Buch (dem Qur´an) vorhanden ist".[86]

VI. Resümee

Murad Hofmanns außerordentlicher Beitrag zum Verständnis des Islam stellt nicht nur im deutschen Sprachraum eine immense Bereicherung dar. Dass seine Bücher auch künftige Generationen beeindrucken werden, ist nicht unschwer vorherzusagen. Desgleichen gestehen sogar dem Islam kritisch gegenüberstehende Autoren wie z. B. Prof. Ursula Spuler-Stegemann ein, dass Hofmanns Bücher *„eine sehr anziehende Seite des Islam widerspiegeln"*.[87]

Es wird daher nicht überraschen, dass Hofmann nach wie vor ein Vorbild für viele Muslime ist und bleiben wird. Sein unermüdliches Engagement, selbst im hohen Alter, für Verständigung und Toleranz wird besonders von den hiesigen Muslimen sehr geschätzt. Zweifellos ist Murad Hofmann der einflussreichste Muslim der Gegenwart und zugleich ein Geschenk Deutschlands an den Islam.

MURAD WILFRIED HOFMANN

Das Interview

Interview zur Person Murad Hofmann

1) **Können Sie uns etwas über Ihre Kindheit erzählen? Wie erinnern Sie sich an den ersten Kontakt mit Gott?**

Ich wuchs in einer streng katholischen Familie in Aschaffenburg (Mainfranken) auf. Mein Kontakt mit Allah begann mit dem Tischgebet, Morgen- und Abendgebet, angeleitet von meiner Mutter. Sonntags gingen wir stets in die Kirche. Auch gehörte ich einer - damals illegalen - jesuitischen Jugendorganisation an.

Das waren sämtlich anti-nazistische, also gegen die damalige Staatsideologie gerichtete Tätigkeiten.

2) **Wie haben Sie Ihre Eltern in Erinnerung? Welche wesentliche Ereignisse in Ihrer Kindheit haben Sie maßgeblich geprägt?**

Mein Vater war nicht nur Mathematiker und Physiker, sondern lebte völlig in der Welt der Mathematik. Das heißt, er nahm von dem, was um ihn herum vorging, kaum etwas wahr. Er wurde einmal nach Berlin gerufen, kam völlig bestürzt zurück und bat uns, dafür zu beten, dass aus dem, was man dort vorhabe, nichts wird. (Es ging um die Entwicklung einer Atombombe.)

Stark geprägt haben mich der Bombenkrieg – ich verbrachte fast 1000 Nächte im Luftschutzkeller. Wir schliefen dort. Ich hatte Dank eines bei der Luftwaffe beschäftigten Vetters die Möglichkeit, den Flug amerikanischer und englischer Bombengeschwader zu verfolgen. Auch wenn Alarm gegeben war, ging meine Familie ihren Tätigkeiten nach, bis ich sie aufgrund meiner Informationen dazu aufrief, jetzt doch den Luftschutzkeller aufzusuchen. Unser Haus wurde glücklicherweise nicht direkt getroffen. Wir verloren aber die meisten Dachziegel und das Glas in allen Fenstern. Wir kleisterten sie mit Sperrholzplatten zu. Auch holte ich Dachziegel von zerstörten Häusern in unserer Nähe. Als die amerikanischen Truppen eintrafen, schreckten wir sie mit einem Trick meiner Mutter vor der Beschlagnahme unseres Hauses ab: Wir hielten ihnen eine Schale mit nach Aspirin riechendem Wasser entgegen und baten sie, nach Durchsuchung unseres Hauses die Hände zu waschen; denn wir hätten einen Typhusfall. Das wirkte!

3) Mit welchen Wertvorstellungen sind Sie aus dem Jugendalter ins Erwachsenen Alter eingetreten? Und welche dieser Werte haben Sie mitgenommen und von welchen haben Sie sich im Nachhinein trennen müssen?

Wie bereits erwähnt, war ich ab 14 Mitglied einer katholischen Jugendorganisation, die von Jesuiten geleitet wurde. Das hat mein Wertesystem geprägt, obwohl ich mich natürlich von jesuitischem Einfluss schon ab 16 getrennt habe.

4) Was war in Ihrem Leben die treibende Energie? Was veranlasste Sie zur Ihrer enormen Produktivität?

Ich hatte seit meiner Jugend den Eindruck, eine Aufgabe im Leben zu haben. Das hatte wohl religiöse Wurzeln. Auch war mir nach den Kriegserlebnissen stets völlig bewusst, dass ich sterblich bin, das ich also die mir zugemessene kurze Zeit konstruktiv nützen müsse. Man kann das ein erworbenes Todesbewusstsein nennen.

5) Was war die größte Herausforderung Ihres Lebens? Gab es Schicksals Momente, die zu Wendepunkten in Ihrem Leben geführt haben?

Nach meinem Studien-Aufenthalt am UNION College in Schenectady, New York State, bereiste ich *„per Anhalter"* die Vereinigten Staaten. Dabei geriet ich in einen fürchterlichen Autounfall, nämlich eine:

– ungebremsten Zusammenstoß (head-on collision) – bei der ich 19 Zähne samt ihrer Wurzeln verlor. Mein Arm – über der Lehne gehalten – war zwar ausgekugelt, hatte aber verhindert, dass ich mit dem Kopf aufschlug. Auf dem Rückweg nach New York machte ich in Washington, D.C. halt und

– zeigte mich im Deutschland-Referat des State Departments (Außenministerium). Daraufhin erhielt ich ein Brief, mit dem die USA sich zur Übernahme aller Kosten für meine Wiederherstellung verpflichteten. Eigentlich unglaublich. Als ich das meinem Zahnarzt zeigte, meinte er:

– *„Na, dann machen wir das richtig."* Ich verbrachte danach mehrere Wochen stundenlang beim Zahnarzt, zumal mein Oberkiefer zersplittert war.[1]

6) Was sind die Beweggründe für Murad Hofmann gewesen, eine Religion anzunehmen die vor allem im Westen als Rückständig galt und besonders im Kontrast zu den europäischen Wertvorstellungen stand? Haben Sie auf diesem Weg auch Phasen durchlebt, wo Sie gezögert haben oder unsicher wurden?

Muhammad Asad, den ich bewunderte (und auch in Südspanien persönlich kennenlernen durfte), schickte mich unwillkürlich auf den Weg zum Islam. Er war halt hochintelligent und doch gläubig. So lernte ich, daß man sich seines Glaubens nicht schämen muss.

Ich führte von da an stets ein Koran-Exemplar in deutsch mit mir, das 1960 bei Reclam in Stuttgart erschienen war. Dies auch bei meinen beiden Pilgerfahrten nach Mekka (al-hadsch) 1992 und 2004. Seither hatte ich keinerlei Zweifel mehr an der Richtigkeit des muslimischen Glaubens und empfand das Christentum, so wie es gelebt wurde, zunehmend als verlogen.[2]

7) Was hat der Islam in ihrem Leben grundlegend verändert? Welchen Einfluss hatte dieser Wandel auf Ihre Persönlichkeit?

Am meisten veränderte mich der Islam durch die Beachtung des Ramadan. Denn als Folge des Fastens lernt man nicht nur sich selbst besser kennen, sondern auch Gott. Der Islam distanzierte mich jedenfalls zunehmend von manchem, was rein irdisch verhafteten Menschen wichtig ist. Mein Fokus war von daher mehr das Jenseits als das Diesseits. Das machte mich nicht weltfremd, bewahrte mich aber vor Weltversessenheit.[3]

Thema Gesellschaft

1) **Für die Konsumgesellschaft werden viele nutzlose Dinge produziert. Parallel dazu wächst auch das Gefühl der Nutzlosigkeit bei vielen Menschen. Zu welchem Zweck ist der Mensch erschaffen und welche Pflichten hat er der Gesellschaft gegenüber? Und welche Kriterien muss eine Gesellschaft erfüllen, um heilsam und nützlich für die Menschheit zu sein?**

Eine solche Gesellschaft muss jenseitig orientiert sein, also Gottesbewußtsein haben und die von Gott vermittelten Normen anerkennen. Wer von der Existenz Gottes überzeugt ist, kann nicht anders, als anderen davon Mitteilung zu machen, ist es doch die wichtigste Nachricht, die man überhaupt empfangen kann. Mit gottesfernen Personen hat man dann unwillkürlich Mitleid. Das Nazi-Regime hatte im übrigen recht eindrücklich demonstriert, wohin Gottesferne führen kann, ja muss.

2) **In einem Ihrer Bücher sagen Sie, dass der „Westen zur Welt des Quantitativen geworden und der Islam eine Welt des Qualitativen geblieben ist". Können Sie das etwas näher erläutern?**

Ich glaube, dieser Satz erläutert sich selbst am besten. Jedenfalls ist das Anhäufen von Dingen für den westlich orientierten Menschen nicht nur typisch, sondern das A und O seiner gesamten Orientierung. Für solche Menschen ist Geld typischerweise Lebensinhalt und das Anhäufen von für wertvoll gehaltenen Dingen Lebensziel. Zur Welt des Qualitativen hingegen gehören *„Dinge"* wie Elternschaft, Freundschaft, Dichtung, Musik und Philosophie - die Auseinandersetzung mit dem Unfassbaren.[4]

3) **In der hiesigen Gesellschaft wurde der Islam bislang als eine aus dem Orient importierte Ausländerreligion wahrgenommen. Interessanterweise haben in den letzten Jahren zahlreiche westliche intellektuelle, Akademiker, Künstler und Politiker den Islam als Religion angenommen. Kann diese Tendenz Ihrer Meinung nach zu einem Paradigmenwechsel herbeiführen um den Islam in Europa heimisch zu machen? Und welche Rolle spielen die europäischen Muslime bei diesem Wandel?**

Ich habe den Eindruck, dass der westlich geformte Mensch inzwischen den Islam als eine Weltreligion wahrnimmt, also nicht bloß als Gastarbeiterreligion.
Dies verdanken wir wohl auch der Präsenz europäischer Muslime, darunter derjenigen in Bosnien, Herzegovina und Albanien. Man liest jetzt wohl auch die Schilderungen von Karl May in neuem Licht.

4) **Der Finanzminister Wolfgang Schäuble sagte in einem Interview in der Süddeutschen Zeitung:** *„[...] Und deshalb glaube ich, dass auch die Muslime zur Stabilität dieser Werteordnung beitragen können. Wir müssen aber ein Verständnis dafür wecken, dass auch der Islam eine wichtige Grundlage unserer Werteordnung sein kann."* **Welche Werte können Ihrer Meinung nach die Muslime zur Stabilität in der hiesigen Gesellschaft beitragen?**

Zu diesen Werten gehört das Gottesbewußtsein bzw. die Jenseitsorientierung, die Hochachtung der Familie, die Kinderfreudigkeit sowie eine Geringschätzung bloß materieller Werte.

5) Die Familienentwicklung in dieser Gesellschaft befindet sich im starken Wandel. Der Stellenwert der Familie im Lebensentwurf von Menschen hat sich im Laufe der letzten Jahrzehnte enorm verändert. Die Heirats- und Geburtenziffern gehen zurück und die Instabilität von Ehen hat zugenommen. Könnten muslimische Familien in der Zukunft ein Gegentrend darstellen? Oder glauben Sie das diese Entwicklung auch die muslimischen Familienstrukturen beeinflussen wird?

Auch bei muslimischen Familien geht die Geburtenfreudigkeit in dem Maße zurück, in dem Berufsziele wichtiger werden. Gleichwohl hinken muslimische Familien glücklicherweise hinter der geschilderten allgemeinen Entwicklung zurück.

Thema Qur'an

1) Wann war Ihre erste Begegnung mit dem Qur'an?

Das war während des Algerien-Kriegs in der Stadt Algier, wo ich 1961/1962 als Attaché am deutschen Generalkonsulat tätig war. Es handelte sich um die französische Übersetzung von Pesle und Tijani.

2) An welcher Stelle im Qur'an hatten Sie den Eindruck, dass es sich hierbei nicht um ein Menschenwerk handelt?

Bei Lektüre der 112. Sure al-Ikhlas.

3) Was faszinierte Sie damals am Qur'an? Wie würden Sie heute Ihre damaligen Gefühle beschreiben?

Ich war zunächst darüber verwundert, wie viel im Qur'an von den jüdischen Propheten, Jesus und Maria die Rede war und dass die moralischen Vorstellungen des Qur'ans sich weitestgehend mit den mir bekannten christlichen deckten. Dann aber war ich zunehmend von der poetischen Wucht der kleinen Suren am Ende des Qur'ans beeindruckt, ja begeistert.

4) Herr Hofmann, Ihre 1998 überarbeitete Qur'anausgabe von Max Henning (von 1901), hat sich bislang im deutschen Büchermarkt am stärksten verbreitet. Wie erklären Sie sich diesen Erfolg?

Ich weiß das auch nicht, vermute aber, dass es mit meiner unemotionalen Ausstattung der Ausgabe mit lakonischen Fußnoten zu tun hat.[5]

5) **Erst im 21. Jahrhundert gelang es dem Qur´an im Westen erstmals, zum auflagenstärksten Buch zu werden. Wie begründen Sie das? Glauben Sie, das diese Tendenz zur Aufklärung des Islams positiv beitragen könnte?**

Es war in der Tat völlig unwahrscheinlich, dass ein religiöses Buch im 21. Jahrhundert zum Bestseller in Europa werden könnte. Das dies dem Islam gelang, hat wohl mit dem Glaubwürdigkeitsverlust der Kirchen zu tun. Von den Kirchen enttäuschte Gläubige wurden ja nicht automatisch ungläubig, sondern suchten nach einem sie besser überzeugenden anderen Glauben. Das man diesen bei Gastarbeitern finden würde, mutet heute fast komisch an.[6]

6) **Auffällig bei Ihrer Qur´anausgabe ist, dass sie mit zahlreichen Fußnoten versehen ist. Denken Sie, dass man ohne Kommentare den Qur´an richtig verstehen kann? Wie wichtig ist hierbei der historische Kontext?**

Den Qur´an ohne Erläuterungen erstmals zu lesen ist geradezu gefährlich. Schon Goethe hatte dies erkannt. Wichtig ist vor allem der Hinweis, dass man dieses Buch von hinten nach vorne lesen sollte, also in der Sequenz der Offenbarungen. Der Qur´an liest sich schließlich nicht wie ein allgemeines Buch. Er muß als Wort Gottes verstanden werden, um überhaupt verstanden zu werden. Auf jeden Fall sollte man den Qur´an mit einem kompetenten Kommentar lesen.[7]

7) Was unterscheidet den Qur´an grundsätzlich von den anderen Heiligen Schriften, besonders aber von der Bibel?

Der Qur´an lässt sich mit der Bibel nicht vergleichen. Diese besteht aus zahlreichen Schriften, die in einem Zeitraum von 1500 Jahren entstanden sind. Demgegenüber hat der Qur´an nur einen Autor und ist in geschichtlicher Zeit innerhalb von 22 Jahren entstanden. Auch ist der Qur´an im Gegensatz zur Bibel nicht narrativ. Mit Ausnahme der Sure Yusuf erzählt der Qur´an keine Geschichten, sondern zieht moralische Lehren. Schließlich gibt es keine Einigkeit darüber, was zum Alten Testament gehört: Die hebräische, orthodoxe, katholische und evangelische Bibel stimmen inhaltlich nicht überein! Hingegen gibt es nur einen Qur´an, für alle Muslime weltweit der identische Text. Das Neue Testament ist schon deshalb nicht mit dem Qur´an vergleichbar, weil die Autoren seiner Schriften unbekannt sind oder - wie Paulus - Jesus nie begegnet waren. Das Neue Testament ist daher nach muslimischer Terminologie eine Sammlung äußerst schwacher Überlieferungen (ahadith). Kurzum, der Qur´an ist das gesicherteste Schriftgut der Spätantike überhaupt.[8]

8) Islamkritiker werfen oftmals dem Qur´an vor, dass dieser offenkundig mit dem deutschen Grundgesetz kollidiert. Gibt es tatsächlich unüberwindbare Divergenzen?

Das Grundgesetz ist kein religiöser, jenseitsorientierter Text. Das bedeutet aber keine Divergenz. Denn beide Texte stehen nicht in Konkurrenz zu einander, sondern für sich selbst.

9) Wie beinflusst ein Buch aus dem 7. Jahrhundert das Leben von Murad Hofmann und wie wirken sich die Qur´anverse auf Ihr alltägliches Leben aus?

Wenn Muslime – wie ich – täglich ihre Gebete sprechen, zitieren sie notwendig aus dem Qur´an. Damit wird der Qur´an automatisch zum Lebensbestandteil und zu einem Fernglas, durch welches man seine eigene Welt betrachtet.

Sehr geehrter Herr Dr. Hofmann, vielen Dank für das Gespräch.

Literatur von Dr. Murad Hofmann:

- Ein philosophischer Weg zum Islam, 1981.
- Zur Rolle der islamischen Philosophie, 1984.
- Tagebuch eines deutschen Muslims, 1985.
- Der Islam als Alternative, 1992.
- Reise nach Mekka, 1996.
- Überarbeitung der Koranübersetzung von Max Henning, Istanbul und München 1998.
- Islam und der Westen, 1998.
- Der Islam im 3. Jahrtausend, 2000.
- Islam Kompakt, 2001.
- Koran Kompakt, 2002.
- Den Islam verstehen – Vorträge 1996-2006, veröffentlicht 2007.

Fußnoten:

Murad Wilfried Hofmann –
Deutschlands Geschenk an den Islam

1 Der Spiegel, Nr. 40, 29.09.2003, S. 82 – 97: „Das Kreuz mit dem Koran", siehe S. 88 - 89.

2 Die Onlineumfrage fand vom 08.10. bis zum 15.11.2008 statt.

3 Der Brief wurde ins Deutsche von Abd al-Hafidh Wentzel übersetzt: http://www.warda.info/EIN_WORT_DAS_UNS_UND_EUCH_GEMEINSAM_IST.pdf

4 Siehe zur Regensburger Rede: Benedikt XVI. unter Mitwirkung von Seewald, Peter: Licht der Welt: Der Papst, die Kirche und die Zeichen der Zeit. Freiburg im Breisgau: Herder Verlag 2012, S. 220.

5 Hofmann schrieb 14 Bücher, die in mindestens 10 Sprachen übersetzt worden sind, abgesehen von unzähligen Artikeln, die in diversen Zeitschriften veröffentlicht wurden.

6 Vgl.: Hofmann, Murad W.: Reise nach Mekka. Istanbul: Cagri Yayinlari, 2. Auflage 2009, S. 186.

7 Ebd. S. 46.

8 Ebd. S. 46.

9 Ebd. S. 47.

10 Ebd. S. 47.

11 Ebd. S. 48.

12 Ebd. S. 49.

13 Ebd. S. 51.

14 Ebd. S. 52.

15 Kermani, Navid: Gott ist schön - Das ästhetische Erleben des Koran, München: 3. Auflage der broschierten Sonderausgabe C. H. Beck 2007, S. 12.

16 Vgl.: Rassoul, Muhammad: Deutsche von Allah geleitet. Beitrag von Murad Hofmann: Alhamdulillah, ein Muslim westlicher Herkunft. Köln: Verlag Islamische Bibliothek 1982.

17 Vgl.: Swineburne, Richard: Die Existenz Gottes, Stuttgart: Reclam 1987.

18 Zitiert aus: Hofmann, Murad W.: Islam. Diederichs Kompakt, Diederichs Verlag 6. Auflage 2011, S. 16.

19 Siehe hierzu: Hofmann, Murad W.: Den Islam verstehen. Istanbul: Cagri Yayinlari 2007, S. 1 – 12.

20 Vgl.: Hofmann, Murad W.: Der Islam als Alternative, Istanbul: Cagri Yayinlari 6. Auflage 2010, S. 30.

21 Vgl.: Maududi, Abul Ala: Tafhim-ul-Quran, Insan Yayinlari, Bd. 3, S. 281.

22 Vgl.: Hofmann, Murad W.: Islam. Diederichs Kompakt, Diederichs Verlag 6. Auflage 2011, S. 34. Siehe aber auch: Hofmann, Murad W.: Der Koran. Diederichs Kompakt, Diederichs Verlag 5. Auflage 2012, S. 85 – 88.

23 Zitiert aus: Ulfat Aziz-us-Samad: Islam und Christentum. Schriftenreihe des islamischen Zentrums
München Nr. 23. München: Islamisches Zentrum München: 1993, S. 141. Siehe in diesem Band noch weitere Zitate von Kirchenvätern über die Diffamierung von Frauen.

24 Vgl.: Hofmann, Murad W.: Reise nach Mekka. Istanbul: Cagri Yayinlari, 2. Auflage 2009, S. 57.

25 Das Buch „Zelot" des Religionswissenschaftlers Reza Aslan ist hier besonders hervorzuheben. Danach ist „der Jesus von Nazareth" im Unter-

schied zum „Jesus dem Christus" ein jüdischer Reformprophet gewesen, der am Kampf gegen die römische Besatzung maßgeblich beteiligt war, ja sogar der Anführer dieser Bewegung gewesen sein soll.

26 Deschner, Karlheinz: Der gefälschte Glaube. München: Verlag Knesebeck 5. Auflage 2004, S. 90.

27 Inzwischen ist die 4. überarbeitete Auflage 2011 im EB-Verlag erschienen.

28 Schwarzenau, Paul: Korankunde für Christen. Hamburg: EB-Verlag erw. Aufl. 2001, S. 124.

29 Vgl.: Hofmann, Murad W.: Islam. Diederichs Kompakt, Diederichs Verlag 6. Auflage 2011, S. 31.

30 Drewermann, Eugen: Hat der Glaube Hoffnung? Patmos Verlag 2000, S. 123 – 124.

31 Murad W. Hofmann: Ein philosophischer Weg zum Islam, Köln: Verlag Islamische Bibliothek 2. ergänzte Auflage 1983.

32 Hofmann, Murad W.: Reise nach Mekka. Istanbul: Cagri Yayinlari, 2. Auflage 2009, S. 43.

33 Siehe das Interview mit Mahmut Askar in Divan Sohbetleri: https://www.youtube.com/watch?v=wqzk02JMflw (zuletzt aufgerufen am 05.11.15).

34 Vgl.: Interview der IQL (Initiative islamischer Quellenforschung e.V.).

35 Die erste Auflage erschien 1985 im Verlag Islamische Bibliothek.

36 Asad, Muhammad: Der Weg nach Mekka. Patmos Verlag 3. Auflage 2011, aus dem Vorwort von Murad W. Hofmann.

37 Vgl.: Wohlrab-Sahr, Monika: Konversion zum Islam in Deutschland und in den USA. Frankfurt am Main: Campus Verlag 1999, S. 33.

38 AL-ISLAM, Nr. 5/2000, Leitartikel von Murad W. Hofmann in: Muhammad Asad - Europas Geschenk an den Islam

39 Ebd.

40 Ebd. S. 19.

41 Vgl.: Asad, Mohammed: Die Botschaft des Koran. Patmos Verlag 2015 4. Auflage, S. 116.

42 AL-ISLAM, Nr. 5/2000, Leitartikel von Murad W. Hofmann in: Muhammad Asad - Europas Geschenk an den Islam. Hofmann listet in seinem Leitartikel zahlreiche Koranverse auf, die Asad im Gegensatz zu klassischen Tafsir-Kommentatoren vernunftbetont erläutert.

43 Zitiert aus: Windhager, Günther: Leopold Weiss alias Muhammad Asad. Wien: Verlag Böhlau, 2. unveränderte Auflage 2003, S. 35.

44 Zitiert aus: AL-ISLAM, Nr. 5/2000, Leitartikel von Murad W. Hofmann in: Muhammad Asad - Europas Geschenk an den Islam, S .19.

45 Mawdudi und Asad kannten sich persönlich in Pakistan. Auch besuchte Asad mit seiner Familie Mawdudi zu Hause. Siehe hierzu: Hamira Mawdudi, Ebi - el Eşcaru'l Vafira.

46 Siehe zum Briefwechsel: Uygar (dt. zivilisiert), Ausgabe 3-4, Januar-Juni 2002, Sonderausgabe über Muhammad Asad, S. 76 – 78.

47 Vgl.: Islamoglu, Mustafa: Yerliler ve Yersizler. Türkei: Düsün Yayincilik 2. Auflage 2006, S. 15 – 35.

48 Das betonte Prof. Elik am 08.11.2014 in einer Fernsehsendung zum Thema „Koran-Übersetzungen": https://www.youtube.com/watch?v=Zx8-5rZlzJY

49 Zitiert aus: Islamoglu, Mustafa: Yerliler ve Yersizler. Türkei: Düsün Yayincilik 2. Auflage 2006, S. 35.

50 Sein Korankommentar „Die Botschaft des Koran" wurde erstmals im Jahre 2009 durch den Verein „VDM e.V." (Verein für denkende Menschen) ins Deutsche übersetzt und herausgegeben.

51 Zitiert aus: AL-ISLAM, Nr. 5/2000, Leitartikel von Murad W. Hofmann in: Muhammad Asad - Europas Geschenk an den Islam, S. 19.

52 Vgl.: Hofmann, Murad W.: Den Islam verstehen. Istanbul: Cagri Yayinlari 2007, S. 157.

53 Ebd. S. 158.

54 Vgl.: Hofmann, Murad W.: Reise nach Mekka. Istanbul: Cagri Yayinlari, 2. Auflage 2009, S. 201 – 202.

55 Ebd. S. 201.

56 Siehe hierzu: Hofmann, Murad W.: Tagebuch eines deutschen Muslims. Istanbul: Cagri Yayinlari 5. Auflage 2007, S. 174.

57 Siehe dazu im Internet: http://www.zeit.de/1992/21/muslim-murad/komplettansicht

58 Der Artikel erschien bereits 1991, zwei Jahre später wurde das Buch dazu veröffentlicht.

59 Siehe dazu: Henning, Max: Koran, Überarbeitung und Einleitung M. W. Hofmann. Istanbul: Cagri Yayinlari 6. Auflage 2006, Einleitung von Murad Hofmann.

60 Vgl.: Hofmann, Murad W.: Reise nach Mekka. Istanbul: Cagri Yayinlari, 2. Auflage 2009, S. 190.

61 Zitiert aus: Garaudy, Roger: Aufruf an die Lebenden. Darmstadt: Luchterhand Verlag 1981, Nachwort S. 393.

62 Hofmann, Murad W.: Tagebuch eines deutschen Muslims. Istanbul: Cagri Yayinlari 5. Auflage 2007, S. 168 – 169.

63 Die Bücher von Gerhard Konzelmann, Peter Scholl-Latour und Udo Ulfkotte singen ein Lied davon.

64 Hofmann, Murad W.: Der Islam als Alternative, Istanbul: Cagri Yayinlari 6. Auflage 2010, Vorwort S. 7 - 8.

65 Vgl.: Hofmann, Murad W.: Reise nach Mekka. Istanbul: Cagri Yayinlari, 2. Auflage 2009, S. 201.

66 Vgl.: Lüdemann, Gerd: Die Ketzer. Stuttgart: Radius-Verlag 1996, S. 25 – 191.

67 Vgl.: Hofmann, Murad W.: Der Islam im 3. Jahrtausend. Hugendubel 2000, S. 12.

68 Vgl.: Hofmann, Murad W.: Der Islam als Alternative, Istanbul: Cagri Yayinlari 6. Auflage 2010, S. 21.

69 Vgl. Hofmann, Murad W.: Der Islam im 3. Jahrtausend. Hugendubel 2000, S. 112.

70 Zitiert aus: Eaton, Charles Le Gai: Der Islam und die Bestimmung des Menschen. Diederichs Verlag 2. Auflage 1994, S. 57.

71 Vgl.: Hofmann, Murad W.: Islam. Diederichs Kompakt, Diederichs Verlag 6. Auflage 2011, S. 96.

72 Hofmann, Murad W.: Der Islam im 3. Jahrtausend. Hugendubel 2000, S. 223 – 234. Hofmann listet 14 Punkte auf, die seiner Ansicht nach zu einem Paradigmenwechsel zur gescheiterten Moderne herbeiführen wird.

73 Vgl.: Hofmann, Murad W.: Islam. Diederichs Kompakt, Diederichs Verlag 6. Auflage 2011, S. 104.

74 Dem folgte die Übersetzung 1954 von Mirza Bashiruddin Mahmud Ahmad, der jedoch der Ahmadiya-Mehrheitsbewegung angehörte.

75 Diese Übersetzung hat zahlreiche Auflagen erreicht und wird hauptsächlich in den Büchermärkten der arabischen Moscheen zum Verkauf ausgestellt.

76 Denffer veröffentlichte seine Übersetzung 1996 in kleineren Auflagen im Eigenverlag.

77 Sie erschien in der 3. Auflage im SKD Bavaria Verlag München.

78 Siehe hierzu: Hofmann, Murad W.: Tagebuch eines deutschen Muslims. Istanbul: Cagri Yayinlari 5. Auflage 2007, S. 203 – 204.

79 Vgl. Sultan, Sohaib: Der Koran für Dummies, Weinheim: Wiley-VCH Verlag 1.Auflage 2006, S. 322.

80 Das Interview wurde von IQL e.V. durchgeführt und ist auf S. 52 zu finden.

81 Henning, Max: Koran, Überarbeitung und Einleitung M. W. Hofmann. Istanbul: Cagri Yayinlari 6. Auflage 2006, S. 2.

82 Vgl. Hoffmann, Christian Abdul Hadi: Zwischen allen Stühlen. Bonn: Bouvier Verlag 1995, S. 193.

83 Eaton, Charles Le Gai: Der Islam und die Bestimmung des Menschen. Diederichs Verlag 2. Auflage 1994, S. 138.

84 Vgl.: Hofmann, Murad W.: Islam. Diederichs Kompakt, Diederichs Verlag 6. Auflage 2011, S. 73.

85 Vgl.: Ahmad ibn al-Husain al-Baihaqi, as-Sunan al-kubra. Zitiert aus: Benzine, Rachid: Islam und die Moderne, Verlag der Weltreligionen 2012, S. 171.

86 Vgl.: Asch-Schatibi, Al-Muwafaqat fi Usul Asch-Schari´a, Bd. 2. Istanbul: Iz Yayincilik, 4. Auflage 2010, S. 85.

87 Spuler-Stegemann, Ursula: Muslime in Deutschland. Freiburg: Herder Verlag 2002 S. 312.

Fußnoten zum Interview mit Murad Hofmann

1 Vgl. Murad Hofmann, Reise nach Mekka, S. 80-81, 2. Auflage Cagri Yayinlari, Istanbul 2009.

2 Vgl. Ebd. , S. 45- 59.

3 Vgl. Murad Hofmann, Den Islam verstehen – Vorträge 1996 - 2006, S. 64-70, Cagri Yayinlari Istanbul 2007.

4 Vgl. Den Islam verstehen, S. 175-190.

5 Diese inzwischen in 20 Versionen sowohl in Istanbul (Verlag Cagri Yayinlari) als auch in München (Diederichs Verlag) erschienen. Vgl. dazu: Sohaib Sultan, Der Koran für Dummies, S. 322, WILEY-VCH Verlag 2006.

6 Der Koran ist seit dem ersten Golfkrieg (1991) ein beständiger Bestseller. Vgl. Susanne Mayer, Die Wunderwaffe, Die Zeit vom 15. 02. 1991. Online abrufbar unter: http://www.zeit.de/1991/08/die-wunderwaffe.

7 Für eine prägnante Einführung sei besonders auf das Buch: Murad Hofmann, Koran- kompakt (Verlag Diederichs, 6. Auflage 2011) hingewiesen.

8 Vgl. Maurice Bucaille, Bibel, Koran und Wissenschaft. Die Heiligen Schriften im Licht moderner Erkenntnisse. München SKD Verlag 1984.

Bildquellen: fotolia
(www.fotolia.com)

———

gefördert durch:

Initiative islamischer Quellenforschung e.V.

———

Gestaltung und Umsetzung des Layouts durch Kim Judek

info@kim-judek.de

———

Original als Broschüre, Gestaltung Melih Kesmen (Styleislam)